放鬆

上班族 40 則放鬆指引

聖嚴法師

法鼓文化編輯部 選編

編者序

放鬆身心有妙法

朝九晚五的上班族，幾乎從早晨鬧鐘響起，便開始不停地趕時間：趕捷運、趕打卡、趕開會……，一直不停趕、趕、趕。每天緊緊張張地過日子，無法放鬆自己。

無法放鬆的真正關鍵，在於我們的放鬆方式往往都只處理表面問題，沒有針對壓力來源做根本處理。禪修，正是一種由內到外幫助人放鬆壓力的根本之道。一般人工作一忙，就壓力重重，如果能在任何一個緊張的當下，以禪法放鬆身心，或以禪的觀念面對問題，會發現工作中的自己，煥然一新！隨時隨地都能以禪法來放鬆自己，調整工作節奏。

例如聖嚴法師這樣的大忙人，一年三百六十五天從不得閒，他卻說：「忙人時間最多。」因為忙人做事最有效率，能充分掌握時間。他並鼓勵人們要保持輕鬆愉快的心情來工作：「要趕不要急，要忙不要亂，要鬆不要緊。」這些經典的話語，都是聖嚴法師的親身體會，已有成千上萬的人們為此而重新思考工作這件事。因此，特別將聖嚴法師著作中的經典開示整理成書，提供身心緊張的上班族，以禪法放鬆身心的方法。

認真工作，不一定要神經緊繃；提昇效率，不一定要犧牲休息。放鬆身心地工作，才能事半功倍。如果身心緊張是日積月累的壞習慣，何不從現在開始養成放鬆身心的新習慣？

——法鼓文化編輯部

目錄

馬上體驗

放鬆禪

1. 上班族在面對每日忙碌的工作時，雖然知道身心要放鬆，卻很難真正清楚什麼是放鬆？因此，特別設計「放鬆禪」，讓大家在閱讀本書前，先體驗以禪法放鬆的感覺與好處。

2. 放鬆引導可運用在任何地方，無論是在公司、家裡、搭車或等人時，坐著或站著皆可練習。如果是選擇站姿，在練習前，要先調整站立姿勢，兩腳張開與肩同寬，兩手自然下垂，全身重心重量往下，放在前腳掌，膝蓋微彎；如果是選擇坐姿，在練習前，可先找一個位子坐好，兩手手掌交疊右掌在下，左掌在上，兩手姆指相接，成圓圈形，輕輕放在大腿上，上半身端正盡量不靠背，下半身讓大腿與小腿成九十度，以利氣血循環。

3. 練習時，為幫助放鬆，最好取下眼鏡、手表，以及佩戴的首飾，讓身體沒有多餘的負擔。

4. 每次的放鬆練習，都需要多做幾次，直至身心完全放鬆。

放鬆的要領

放鬆是身體和心情的放鬆：放鬆全身的肌肉，心情也放鬆。

肌肉放鬆時是不用力的，是柔軟的，是舒服的；心情放鬆是心中沒什麼特別要做的事情，也沒有特別要想什麼。心情是接受外在環境的現象，接受自己身心的狀況，內心是自自在在的。

在放鬆身體的過程中，是從頭到腳一步一

步地放鬆。每個部位放鬆時都稍微停留，體驗鬆的感覺，再繼續往下。如果身體某一部分不能夠放鬆，沒有關係，就先把它跳過。

放鬆的時候，可以張開眼睛，也可以閉上眼睛，一切是清清楚楚、明明白白的。

放鬆的步驟

首先，從頭部開始放鬆，清清楚楚地知道頭部在放鬆。

眼睛放鬆，眼球不用力。

眼睛周圍的肌肉，都是鬆鬆軟軟的。

如果心中有念頭出現，只要不把念頭串連下去，不跟著這些念頭跑，眼睛自然就會放鬆。

接著是臉部放鬆，清楚知道臉部的肌肉完全放鬆，讓鬆的感覺慢慢延伸到頸部、肩膀，一直到手臂、手掌，以及手指端，都是放鬆的。

胸部放鬆，讓鬆的感覺繼續延伸到腹部，感覺腹部像棉花一樣柔軟。

背的上半部放鬆，背的下半部放鬆，一直放鬆到臀部。

把重量的感覺往下放。

大腿放鬆，小腿放鬆，一直鬆到腳、腳掌，以及腳趾端都是放鬆的。

如果心中有念頭，就把它當作像風吹過，一切都是清清楚楚的，念頭來，念頭去，只要不跟著它走，就可以了。

如果覺得不夠放鬆，還可以再重複上述步驟，多做幾次，身心，就能體驗真正地輕鬆自在。

——法鼓山禪修中心 提供

放鬆禪

01
CHAPTER

放鬆身心有何妙方？

現代人的生活通常很緊張，如何使用真正有效的方法來讓自己放鬆一下是非常重要的事。

放鬆身心不是縱情娛樂

放鬆身心和縱情娛樂並不相同。

有些人以唱卡拉 OK、跳舞、喝酒、飆車、開車兜風、釣魚、登山、划船、打球等，做為放鬆自己的消遣娛樂。這些活動的確可以調整生活的節奏、轉換生活的環境，能使身心得到緩衝的機會，也可以達到在短時間內放鬆一下自己的目的。

不過，在娛樂的活動之後，往往也會感到很疲累。本來是工作上的疲累，為了解除工作疲累，跑去跳舞狂歡，喝酒買醉，到第二天則會得到空虛感的疲累。原本是由於工作上的疲累才跑去玩，盡情地玩累了再去工作。就這麼忙著工作又忙著玩，累來累去，循環不已的人，不知道活著是為什麼，也不知道為什麼要做一個人，這就叫作醉生夢死。

隨時都能把身心放鬆的方法是：先放鬆頭腦，然後放鬆肌肉及神經，最後才能使血管鬆弛，如此一來，通體舒暢、身心平衡。

通常我教一般人用「五分鐘靜坐法」來放鬆他們自己：

「先把身體各部位調整到感覺舒服的狀態，容許躺下的地方，平躺一會兒也不錯，舒服地倚坐在沙發上也很好，若不能躺，又無處坐，輕鬆地站一站也不錯。」

「接著要把眼球放鬆、頭腦放鬆、臉部肌肉放鬆，做輕鬆的微笑狀。然後提肩做三次深呼吸，再保持平常呼吸，並把小腹放鬆。在這個時候，全身就應該放鬆了。」

這個方法做五到十分鐘，其放鬆的效果，可以使你感到是一種很大的享受，不只頭腦寧靜，而且身體也得到充分的休息。再度工作的時候，頭腦會很清楚，全身也充滿了活力。

以平常心面對緊張

其次，當人們遇到突如其來的衝激之時，例如，被劇烈的動作及尖銳的聲音嚇到，或被他人用粗話、髒話、刻薄話、冤枉話等激怒的時候，可能會產生歇斯底里的反應，就算再鎮靜的人，血壓也會上升、心跳也會加速。因為受到刺激時，「心」不能平衡，全身都在警戒狀態，脈搏跟著心臟快速跳動，肌肉也跟著緊張收縮，這時候是最耗心神，也是最傷體能的。如在平時練習了放鬆自己，就能做到以平常心來面對一切的緊張事件了。

這時候的首要工作，是從刺激你的對象那邊，把注意力收回來，注意你自己的呼吸，然後注意自己的心念，那麼你的心馬上會平靜和安定下來。接著再以平常的呼吸，注意自己一呼一吸之間的感覺和感受。你的心情放鬆下來，身體也會隨著放鬆，這時候，人家要你生氣，你也氣不起來了；人家要你反擊，你也不會反擊了。

只要懂得如何放鬆自己，就能做到百邪不侵、刀槍不入、延年益壽。

——

選自《法鼓鐘聲》

02

CHAPTER

禪為何能化解壓力？

生活在現代的社會中，人與人之間的接觸，比過去更頻繁，接觸面也更廣，但是，每一個人都是為了自己或所屬團體的利益在努力，在爭取，在計畫。因此，人與人之間有矛盾，團體與團體之間也有矛盾，這些矛盾，比在過去的社會裡更明顯。要如何解決這些問題呢？以現代人的觀點，是希望克服困難，改造環境，改變對象。用這種方式，也許能夠克服若干困難，能夠改造對方一點，但是，卻製造出更多的問題。因此，我們要講禪，了解一下禪對這些問題，究竟有什麼幫助？

禪是一種內省的方法

首先，我們要問，禪是什麼？禪，在印度是一種內省的方法，和內省的工夫，也就是向自己的內心看，而不向外求。任何問題發生，不要只看那個問題，更當回過頭來看，為什麼那個問題會發生在我身上？為何會發生這種問題與困難？而要解決這個困難，還是得從自己開始。

古來印度的各種宗教，用來解決煩惱，或解除痛苦的方法，都是修持禪定。或許每一個人，都曾經有這樣的經驗，當非常痛苦或煩惱的時候，又找不到對象來傾訴發洩，最好的方法是睡覺去。只要往床上一躺，把被子一蓋，一覺睡起，雖然沒有解決問題，心裡的痛苦卻減輕了許多，這雖不是解決問題的辦法，卻可暫時使自己減少痛苦。

從禪定產生出智慧

用禪或禪定的方法，第一層，可達到和睡覺相同的效果，因為，用禪定方法的時候，不須去面對或思考自己發生的一些困擾及問題，可暫時把問題放在一邊，用禪定的方法收攝身心，使達內心的平靜。進一步，從禪的修行，透過平靜的心，可產生處理事情的智慧，從面對問題進而解決問題，不但提高了自己處理問題的勇氣，同時也增加了解決問題的能力。所以，印度傳統的禪法，第一層，是把問題放在一邊；第二層，則能夠順利地解決問題，也就是從禪定產生出智慧，問題解決了以後，當然煩惱就不存在了。

——

選自《禪與悟》

03

CHAPTER

忙得緊張發慌怎麼辦？

禪是智慧的、安定的、清淨的。智慧是不被環境所困擾；安定是不被環境所混亂；清淨則是內心不隨外境的雜亂而雜亂，不隨外境的污染而污染。

現代人是非常忙碌的，除了街頭的流浪漢，以及好逸惡勞的懶散者之外，大家都在忙碌過日子。

忙碌的原因是什麼？多數人只是為了個人糊口，或為家庭生計，或為事業打拚，少數有理想抱負的人，幾乎都是為社會大眾的安全幸福而忙。不僅是為目前，也為未來。

忙而不亂，享受呼吸

我是一個非常忙的人，但不會忙得心頭發慌，心慌則煩亂，心亂即煩惱。從禪的立場來看，如果處理得當，忙也可以當作消除煩惱的修行方法。所以菩薩愈忙，道心愈高。

一般人在不忙的時候，不是空虛無聊，就是胡思亂想；可是忙的時候，又覺得頭昏眼花，甚至手忙腳亂，那也不好。所以當你正忙得起了煩惱時，不妨用禪修的基本方法，放鬆身心，注意呼吸從鼻孔出入的感覺，享受呼吸、體驗呼吸，沒有多久，就能夠心平氣和，頭腦清醒了。

現代人的生活，無時無刻、無方無處，不是在緊張中度過。不論是吃飯、睡覺、逛街，甚至到海灘游泳、山上渡假，都是緊緊張張的。

最近我去了一趟羅馬，吃午飯時由於要趕時間，必須在半小時內，進出餐廳、點菜、吃飯，可是等飯菜都到齊之後，時間已所剩無幾，只得草草了事將食物往嘴裡塞，那已經不是在咀嚼、欣賞、品味，而是將食物囫圇吞下肚子裡去。

現代社會中，需要看心理醫生的人愈來愈多，主要原因就是使人緊張的情況太多了。例如：家族間的關係，輕鬆的時間少，緊張的時間多；在工作場合、社交場合，與人相處的關係也是輕鬆的時候少，緊張的時候多；即使在休閒活動、出外旅行時，隨時隨地都會讓人擔心安全沒有保障，害怕可能被喝醉酒的人駕車撞上，擔心一個不小心皮包可能會被人搶走了。舉凡人與自然、人與社會、人與家族，乃至人與自己身心狀況的不平衡，都會造成身心的緊張，輕者覺得無奈無助，重者變成焦慮恐懼，躁鬱症的精神病現象，便很普遍地發生了。

※ 放鬆身心，體驗感受

容易緊張的人很可憐，可是偏偏我們多數的人只要事情稍多，時間較少，或者工作較重而又所知不多時，就會開始緊張了。如果是有精神病傾向的人，更難放鬆他們的身心，不論白天或夜間，可能都是緊繃著的，嚴重者必須靠鎮靜劑來幫助精神暫時得到舒緩。

因此從禪修的立場來看，只要在平常生活中發現有緊張狀況時，便應隨時將頭腦放鬆、肌肉放鬆；假如無法放鬆身心，也可以轉而將自己放在客觀的立場，體驗身體的情況，感受心念的狀況，也可達到放鬆的目的。

——

選自《動靜皆自在》

04

CHAPTER

為何忙人更需要禪修？

禪的修行普及化

過去，禪的修行是出家人在山裡修的，因此有所謂「老僧入定」之說；現在，禪的修行則有普及於大眾的趨勢。現代人處於工商業社會中，生活非常忙碌，忙著做什麼呢？忙著工作、忙著趕路回家、忙著看電視、忙著上電影院、忙著去郊遊、忙著照顧孩子、忙著照顧太太、忙著照顧先生、忙著……，唉啊！一切的事情都是忙。特別是在美國，連玩的時候都顯得很忙。而最忙的人，最需要禪的方法來幫助。

※ 因為忙，所以要打坐

我常遇到一些很忙的人，便勸他們打坐學禪，他們說：「師父啊！我們忙成這個樣子，哪裡還有時間，有那種閒工夫學打坐？打坐，是和尚們做的事。」我說：「現在的和尚跟過去不一樣了，現在的和尚也是好忙，但是，因為忙，所以要打坐，只有打坐之後，才有更多的時間，去做你想做的事。」諸位相不相信，忙的人往往有忙錯的時候。忙的時候，不會那麼細心或穩定，所以，工作效率不一定好。

由一項統計顯示，凡是打坐修行的人，早上打過坐之後，一天之中，發脾氣的機會，會減少。打坐後，一天的心情往往會比較穩定。因此，忙的人若能抽空打坐，他的工作效率會提高，工作的時間會縮短；相對地，自然會有更多空閒的時間。所以，今天日本工商界或政界最忙的人，他們多半打坐。在很困擾忙碌的時候，只有打坐能幫助你，因此，打坐並不是和尚們沒有事情才做的事。

——

選自《禪與悟》

禪一下

所謂身心放鬆，就是要我們休息。
當頭腦不得不休息時，
就叫它休息；
當身體、肌肉及神經緊張時，
也叫它休息。

05 CHAPTER 新時代的工作態度

在過去的農業社會，因為交通工具不發達，從鄉間到城裡走一趟，往往得花很長的時間，更別說是遠赴異國了。然而對現代人來說，縱橫、跨越、往返於地球上的任何兩個端點，早就變成簡單而且稀鬆平常的事了。好比臺灣與紐約兩地，有時候我甚至覺得美東的紐約比臺灣的高雄還近一些，因為我平均一年去高雄一趟，去紐約則至少兩次。因為往返頻繁，對空間的距離感便縮短了。

同樣地，我們每天接觸到的人、事以及資訊的數量，是非常驚人的，所以現代人的時間感也變短促了。例如，臺灣每天約有幾百本新書問世，全世界每天出版的新書數量，更是難以估算。莊子曾說：「生有涯，知無涯。」相較於古代人，現代人要學習的知識就更多了，怎麼學也學不完。資訊擁塞，知識爆炸，相對於我們所擁有的時間，就顯得格外短缺了。

居安思危

因此，現代社會中出現了許多身兼數職的人；有能力的人，一個人可以兼任數項職務，時間當然不夠用。

在時間不夠用的情況下，還非得在限期之內完成職分內的工作，當然就會緊張。有些人白天做不完的工作，下班以後還得帶回家做，而明天一早起來，又有新的進度要趕。在這麼忙碌的工作中，如果不擅於支配時間，不懂得調整自己的心情與心態，就很容易害病。面對繁重的工作，最好是練習著「要趕不要急，要忙不要亂，要鬆不要緊」。

我自己也是非常忙碌的人，我的經驗是：「要趕不要急。」工作要趕，但是心不要急。心一急，身體一定跟著緊張；身體一緊張，就會影響到工作效率，不僅工作品質不好，對身體健康也不好。忙，沒有什麼關係，但是「要忙不要亂」，如果急急忙忙地趕工作，很可能因忙亂而造成錯失。

要鬆不要緊

如何才能不急不亂？那就得練習著「要鬆不要緊」，便是要使身體放鬆，平常可以練習著讓自己的臉部肌肉、眼球以及小腹放鬆。如果眼球無法放鬆，臉部肌肉一緊，小腹就會跟著緊；

長時間下來，就會感到身心疲憊，做事容易疏漏，也容易生病了。隨時隨地練習著讓自己做幾分鐘的休息是很重要的，在辦公室也好，在交通工具上也好，只要一有時間，就要掌握機會練習將身體放鬆，這是小小的休息；如果更進一步，練習著隨時可以睡著，隨時可以醒來，哪怕只有三、兩分鐘也很有用。許多大忙人都必須練成這個本領。

人必須認真工作，卻不要變成工作狂。所謂工作狂，就是有工作的時候拚命做；沒工作的時候覺得無聊，非得多找事情來做不可，把自己逼得非常忙碌，才能過日子。實際上這是因為心不能安頓，由於無處安心，所以要找工作來填補空虛。

如果把工作當成是一種奉獻的機會，是一種藝術的把玩，是一種生命的欣賞，就能在輕鬆的身心狀態下，把工作做好了。

——

選自《人間世》

禪一下

要趕不要急，
要忙不要亂，要鬆不要緊。

06

CHAPTER

如何輕鬆掌握分秒必爭的人生？

在競爭激烈、分秒必爭的壓力下，時間對現代人的重要性相對提昇。但在不穩定的環境中，突發情況日益增多，受到內在和外在因素的相互干擾，時間被分割得支離破碎，無形中，使我們感受到更大的壓力。

現代人的生活和二、三百年前大不相同，過去的人頭腦單純，讀書人滿腦子四書五經、古代歷史，其他人頂多知道一些當地的小事情，能活上幾十年，他們就覺得相當長了。但是對現代人來說，總覺得時間太短，因為現在傳播媒介多樣化，經由報紙、電視廣播、網路等媒體，全球每天發生大大小小的事情，我們都能在最短的時間內獲知，成為我們知識和資訊的一部分，新事物不斷增多，現象層出不窮，永遠看不完、學不完，感覺上環境愈來愈小，接觸的層面愈來愈複雜，時間卻永遠不夠支配。

忙人時間最多

此外，資訊爆炸的結果，使我們的頭腦充斥著各式各樣的人、事、物，令人應接不暇。本來知識愈豐富，觀察力愈敏銳，應該更能夠做出正確的判斷，其實不然，這些不相干的資訊，在思考與行動時，反而成為干擾，導致猶豫困惑，不知該如何決定，如此一來，又浪費許多寶貴的時間。尤其是處理切身問題時，例如職業的選擇，乃至於交往對象等，常常是當局者迷，很難做出適當的選擇，在時間緊迫的情況下，反而倉促下決定，抱著碰運氣試試看的心態。

所以，在時間的運用上我們有許多功課要學習，幾乎每一個人都是忙人，即使是沒有工作的人也有日常的瑣事要忙，每個人不但身體忙，頭腦也忙得不可開交，時間當然不夠用。

我曾經提出一種理念：「忙人時間最多」，也就是說，我們盡量在有限的時間內，恰到好處地運用，而不浪費時間。即使從早到晚必須分秒必爭，也要爭得恰到好處。

譬如遇到塞車時，車子陷在車陣中動彈不得，要怎麼爭取時間呢？這時候，你還有頭腦的空間可以爭取，反正已經困在車陣中了，焦急也沒有用，正好利用這個時間好好放鬆身體，讓頭腦得到充分的休息。有些人缺乏這種觀念，不但心裡著急，更糟糕的是怒氣沖沖影響情緒，這是何苦呢？既然連塞車的時間也可以好好運用，我們更應該利用所有能夠運用的時間，即使是在最忙碌的時候。

❁ 活在當下、承擔責任

禪法教導我們要活在當下、承擔責任，這可以說是時間管理的另一種詮釋，「當下」就是最好的時段，保持頭腦清楚，好好地欣賞它、享受它、運用它，這是最合算的。也就是說，吃飯的時候專心吃飯，不要胡思亂想；看書的時候，腦海裡就不要圍繞著連續劇情節打轉；與別人談話，要注意對方在說些什麼，不要分心想著剛剛看過的電影，否則同樣的話講了兩遍，你還聽不清楚，要求他再重複一遍，不但浪費彼此的時間，也是對人不尊重、不禮貌。

儘管要爭取時間、活在當下，還是要找出

時間休息，否則身體會負荷不了。唯有如此，我們才會覺得有充分的時間，而且還能活得很精彩、很有意義。

——

選自《工作好修行》

禪一下

當身、心、環境合而為一時，
以泰然的態度和清明的心，
就能輕鬆自在地工作。

07 CHAPTER 如何忙中有序趕工作？

現代人的生活，樣樣都是快速的。乘的是快速度的飛機、船隻及車輛，用的是快速運作的工具及機械，吃的是速製速食的快餐，連結婚、離婚也都是閃電式的。

勿緊張兮兮搶時間

「快」究竟對不對呢？雖不能說有錯，但是一般人在趕工作的時候，很容易是緊張的，會失去自我主宰而變得隨境而轉，只知道跟著環境的人、事、物，快！快！快！並未思考為什麼要跟著大家那麼快。雖然工作的效率快，競爭力就會提高，但在快速之中，可能也會著急，一急之下，情緒容易失控而生氣，一生了氣，就很可能捅出漏子來了。

不過，人在一生之中，縱然活到一百歲，也僅三萬六千五百天，一天之中能工作的時間也是很有限的，想把工作做得既多且好，不快不趕也是不行的。如能計畫明確、步驟清楚地趕工作，就不會緊張；唯有毫無頭緒、急急忙忙地搶時間，才會造成緊張。因此我主張：應當忙中有序地趕工作，不可緊張兮兮地搶時間。

忙得輕鬆愉快

禪修者的生活態度是精進不懈、為法忘軀，願度無邊眾生，願斷無盡煩惱，願學無量法門，願成無上佛道，那得趕、忙、快的進行，但仍須經常保持輕鬆愉快。

我有兩位性格完全不同的弟子，一位是慢手、慢腳、慢脾氣，不論是雙手的動作及走路的動作，都是慢慢吞吞的，永遠不急也不生氣，但是，他的工作效率並不差。另一位弟子則是整天看他忙東忙西，忙得團團轉，而且老是在埋怨著說他只有兩手兩腳，工作又這麼多，因此，經常是又焦急又生氣，工作品質也只是普通。第一位採用的是禪修者的心態和方法，另一位對禪修方法，尚未用上力。

對這兩種狀況，我的建議是，能夠做到趕和快而不著急，當然很好，否則寧可工作效率低一些，也要保持身心的輕鬆愉快。

——

選自《動靜皆自在》

08

CHAPTER

如何調劑緊張的生活？

很多人認為現代人之所以心裡不安，是因為生活太緊張，同時物質欲望太高，以致於每天忙碌追求、身心勞頓。

長期生活在這種物欲和緊張當中，心靈當然難以平靜。

懶散與精進

英國文學家也是哲學家羅素，曾提出「懶散論」加以對治，他認為地球的資源是有限的，如果人們太勤勞、太追逐物欲的享受，當我們把這些資源都用盡的話，很可能就會影響到後代子孫的生活。所以他提倡：人們應該稍微懶散一點、簡單一點，更加重視精神的享受，人生才會過得好一點。

佛法則是勉勵人要精進，但是也強調人生就像琴弦一樣，不能太緊也不能太鬆，太緊聲音太剛不好聽，而且可能一彈就斷；卻也不能太鬆，太鬆就彈不出聲音，所以要調得恰到好處，不柔、不剛、不緊、不鬆，持之以恆，這就是佛教「調琴論」所說的精進。

人生也是一樣，羅素的「懶散論」，應該是用於那些有工作狂的人身上，他們為了名利地位而拚命追求不停，總是永遠不滿足、生活得很痛苦，這樣的人實在是自己痛苦，也讓別人跟著痛苦。

從資源消耗的角度來講，我並不認為是因為人們的努力，才使得地球資源愈來愈少，而是因為人們不知道怎樣運用資源，為了自己生活上的便利或生活享受，就任意破壞自然、傷害自然。

調劑生活的方法

人的生活不能太緊張，我在帶領禪修的時候，一定是先教放鬆身心，身心放鬆之後，做任何事都可以不慌不忙而循序漸進。但我倒並不一定贊成「懶散論」，我贊成的是人要有點時間悠閒，適度的放鬆，像「悠然見南山」這種心情就很好。

但這並不是一天到晚睡覺不做事，而是偶爾欣賞南山的風光，然而日出而作、日落而息的耕作生活，還是照常進行，並沒有懶散，這是過去田園生活的享受。

現在的都市人，也同樣需要調劑自己的生

活。所謂的調劑，就是當工作告一段落的時候，必須轉換一下，不要同一個工作一直勉強做下去。我經常提醒大家反省：「可不可以不要每天賺錢？是不是也可以有一天、兩天做一些不為錢、不為名的事？」雖然身體一樣在勞動，但是心境不一樣，感受也不一樣，這就是生活的調劑。

法鼓山的團體有上萬位義工不斷地在付出，利用他們的假期、生活的空閒來奉獻，做得很愉快，同樣是日以繼夜，可是跟平常為了賺錢、追求名利的心情完全不一樣。所以心情的調適，能使得一個人的觀念或是感受完全轉變，這不是靠懶散來做調劑的。

轉換工作環境，或是換一種心情，調劑一下自己的身心，不一定要懶散，同樣可以獲得身心休息的效果，這種不緊不鬆的態度，才是恰到好處的生活。

—

選自《工作好修行》

禪一下

如果時時刻刻攝心、分分秒秒平靜，
輕鬆自在地欣賞、享受生活，
這就是禪的修行生活。

09
CHAPTER

工作要趕，不要急

「積極」這兩個字，我們通常都會把它和樂觀、開朗、進取連在一起。既然積極是這麼正面的，如果我說太積極也不好，可能會有人不以為然了！

事實上，積極到了某一個程度，是會形成壓力的。很多人雖然做事很積極，可是卻積極得很緊張、積極得很憂愁、積極得很痛苦，不管到最後是失敗還是成功，過得都不是很快樂。

這都是因為得失心太重的緣故，本來只希望工作完成就好的，接著又要求更好，等到達頂峰了，又擔心會有不好的情況發生，隨時隨地都在擔憂、憂慮。即使成功了，也還是在緊張的情緒和緊繃的壓力下，當然不會快樂，也稱不上樂觀或開朗。

所以，積極雖然會帶來事業的成功，但成功以後呢？如果不懂得保持平常心，反而會失去快樂，和應有的開朗。

少一些得失心

想要積極而不緊張，或是沒有壓力的唯一辦法，就是得失心少一些。少一些得失心的意思並不是不進取，而是「只問耕耘，不問收穫」。把耕耘當作自己的責任，盡責任去播種、施肥、澆水，該做的工作不斷去做；以樂觀的態度期許未來，相信一定會有好收成，其它的就順其自然了，不需要太憂慮、太難過。即使收成不好，也要告訴自己：「大環境不是我所能掌控的，我只要努力就好了。」欣賞自己努力的這一份精神，而不要把心思放在對結果的斤斤計較。

試著欣賞積極付出的自己，曾經努力過的，無論結果是什麼，都不會白費，也都會很值得。因為用了心，就不會浪費生命，即使不成功，也換取了經驗，得到了自我的成長。

還有一種過度積極的人，因為希望在短時間內做很多事，所以就會很心急，而這種心急，不但不是積極，還會妨礙積極。所以我常常說：「對工作，應該要趕，但不要急。」只要把工作的順序安排好，好好地運用時間，按部就班去做，一定能做得完。

工作要趕，因為一個人的時間就那麼多，如果想多做一點事，就一定要趕，可是一定不要急。能夠趕而不急，雖然睡眠時間少一些、累一點，因為不急就能夠心平氣和，不會心浮氣躁，身體並不會受到太大的影響。否則一急、一緊張，就會心浮氣躁，血壓跟著升高，對身體反而是種消耗。

「工作要趕，不要急」很多人一時間沒有辦法接受這樣的觀念，這需要一些時間的體會和練習。每當心裡急的時候，就提醒自己：「我這是『趕』，我不要『急』。」

活在當下最積極

我有個弟子曾經跟我說：「師父，我很積極，可是我也很急，因為我總是想用很短的時間做很多事。每次做這件事，就老想著下面那件事。」

我說：「你做著這個，又想著下面那個，當然急了。因為你的心根本沒有放在你正在做的事上，這樣子很可能連手邊的事都做不好！」

他聽了覺得很有道理。過了一段時間後，他跟我說：「師父，原來真的可以趕而不急！」他告訴我，他學會了把握當下，當下只努力做眼前的事，下面的事等一下再去想。他說：「自從我不急了以後，不但能享受做事的樂趣，而且也做得比較快一點。」

只求好好地、實實在在地活在當下的這一秒鐘，不擔心下一秒鐘會怎麼樣，像這種活在當下的心理，才是最積極的態度。

——

選自《找回自己》

禪一下

即使忙著工作，
心情仍然要保持悠閒，
這才能「忙人時間最多」。

10

CHAPTER

如何跟壓力說再見？

我們做事情要有效率，但並不是急著追求效率，面對工作的態度是「要趕不要急」。在可利用的時間之內，衡量自己的能力，能做多少就做多少。以這種心情來處理事情，就不會有太大的負擔，因為著急沒有用，憂慮、擔心、恐懼不僅無濟於事，反而給自己造成更大的壓力。

享受工作、享受生活

趕時間時，常會使我們的肌肉和心情緊張，要練習放鬆心情，學習「把生活當成趣味的工作，把工作當做趣味的生活」，享受工作、享受生活，感覺這是一件非常愉快的事，在心情上自然會比較放鬆，就不會緊張，也就沒有壓力了。

此外，對自我設定的標準太高，也會讓自己感受到壓力，但要學習如何放鬆地面對，踏實地完成。例如，也常常有人要求我在期限內完成某項工作，但我不會覺得那是壓力，而視為對自我的期許，所以什麼時候做、如何完成，都是我個人的事，是自己可以控制的；我也不擔心是不是做不完，因為擔心是多餘的。就像火車沿著軌道前進，如果以一定的速度前進，一定可以到達目的地，如果突然有輛卡車誤闖平交道，撞上了火車，那麼這是意外，是沒辦法的事。所以事先擔心也沒有用，就因為不擔心，也就能夠事事安心了。

紓解工作壓力的方法

如何紓解工作的壓力，重要的是，事前要有計畫，對自我的能力，也要有自知之明，不要打腫臉充胖子。如果自己的能力不夠，知識學養不足，卻有過高的自我期許，承接無法完成的工作，這就自討苦吃了。譬如說，我很希望做個一百分的法師，但是自己的能力只有六十分，即使盡心盡力去做，結果可能還是不及格，那也沒關係，因為這不是我要不要做的問題，而是我做不到。所以，適宜的自我期許是一件好事，這種壓力會促使我們有更好的表現，但是假使能力不夠，完成不了，也不要強求或自責。

明白了這些道理後，就應該會減少很多壓力。可是人性本來就容易患得患失，就怕失敗、怕趕不上進度、怕明天會發生不可預知的事情，因此沒有安全感，心也無法安定。事實上，在世間，我們不能操控的事情實在太多了，例如，命運往往是無法掌控的，連下一步會發生什麼事都不知道，更不用說明天了。所以，不要為未知的事情擔心，放下妄想和憂心，專注於正在做的事情，只要盡力而為，試著把事情做好，相信一定可以減輕壓力。

如果壓力產生了又該如何呢？這時候應該先把事情擺在一旁，放鬆頭腦及身體，休息一下，否則愈急、愈忙，壓力就愈重。

如果碰到事情是沒辦法等、無法放下的，就應該試著改變想法，譬如說，忙得天翻地覆時，可以試著逆向思考：「我從來沒有這麼忙過呢！這倒是一個全新的經驗，挺好玩的，忙得很有意思。」

僅僅是觀念的改變，有時就可以使心情煥然一新，用不同的角度來欣賞工作中的忙碌，其實就可以跟壓力說再見。

——

選自《工作好修行》

禪一下

減少壓力的辦法很簡單，
即少一點得失心，
多一點自知之明，
然後在確定方向之後，
要能夠全力以赴。

11

CHAPTER

把壓力當成鍛鍊

我有一位信徒的親人因欠下龐大債務逃往海外，他卻因為資財是和那位親人共有的，債主便將他的積蓄、家當都搜括一空，同時他也被限制出境。由於他的公司關了、房子沒了，他只好幫別人做工，但不論他到哪裡工作，總是被債主發現，並拿他的工資來抵扣債務。後來他來找我訴苦說：「師父，我已經走投無路，那個人太可惡了，我想殺了他，然後自殺。」我勸他說：「你殺掉他就是殺人，如果再自殺，就殺了兩個人。」

他會有這種想法是出於無奈，因為那筆債務

可能到死都還不完。還好他有朋友收容，三餐也有著落，於是我告訴他，還有這些就很萬幸了，同時以「面對它、接受它、處理它、放下它」這四它的心來開導。如今他的問題雖然仍未解決，但也已平安生活了好幾年。

把壓力當成鍛鍊

通常人在稍微懂事後就有壓力感，有的人抗壓性很強，能把壓力當成鍛鍊，但這種人很少。另一種人懂得化解壓力，讓頭腦沉澱後再出發，或是與有智慧的朋友談談話，彼此激盪出解決的辦法。也有人互相發牢騷，或更等而下之的就是跑去狂歡、喝酒，心理的壓力可能獲得一時的紓解；但這是麻醉，酒醒後壓力又回來了。

最好的辦法，是用正確的觀念疏導，不要抗壓，應該要減壓，將壓力化為無形，就像太極拳的四兩撥千斤，利用輕微的力量，借力使力，讓千斤般的壓力自然消失，「以虛待實、以無待有」，既然自己是虛、是無，對方是實、是有，壓力便自然化解。

學習放下心中的無奈感

實際的作法是什麼呢？就是要面對它、接受它、處理它、放下它。發生任何狀況，必須去面對；遇到任何危機的壓力，不能逃避，不要裝做不知道；然後運用我們的各種資源，包括智慧、經驗、技術、體能、時間、財物及社會關係等，盡力處理；有的人資源豐富，有的人資源有限，有些問題容易解決，有的狀況在處理之後，還是解決不了。就算問題解決不了，至少還留有一條命，所以我們必須學習放下心中的無奈感，不要耿耿於懷，不要為這些事垂頭喪氣、抬不起頭，不要以為因此就做不了人，老是活在悔恨之中。

心煩事雜時容易出錯、容易氣急敗壞，遇到這種狀況時，靜坐是最好的法寶。每天只要靜坐五至十分鐘，頭腦就能沉澱下來；頭腦休息，便可減少心理的壓力，輕鬆面對煩躁的狀況。同時，也要放開心胸，靜觀世間萬象，壓力便找不到自己。

總而言之，遇到壓力大時，千萬不要走上絕路，不要毫無頭緒地想著：「完蛋了！完蛋了！」要告訴自己：「天無絕人之路。」縱然天塌下來，總有辦法解決。

——

選自《人間世》

12

CHAPTER

忙人時間最多

在非常忙碌的情況下，不僅僅是平常的生活忙碌，而心裡邊也是非常忙碌，此時心是很難安定下來的。這需要做一些工夫，如果不做工夫的話，我們平常沒有事時，心還能夠安定下來；沒有事，心裡就覺得沒有問題。然而，一旦面臨與你自己個人或事業有相當衝擊的問題發生時，要心安定下來是非常難的，的確很難。所以諸位一定不要以為自己太忙，就不需要學習一些修養身心的方法，正因為忙，所以平時需要一點修養的工夫。

隨時隨地把心收回來

打坐很好，每天只要有半個小時至一個小時，如有兩個小時那更好。這些修養身心的時間，隨你自己安排，讓你能夠訓練自己隨時隨地把心收回來，隨時隨地能把波動的心安定下來。心安之後，處理事情才不會慌亂，身體才能健康。

像我這樣瘦弱的身體，很多人說應該早就累死了的，可是我每天的工作時間很長，處理的事情很多，我也能夠爬高山，坐長程的飛機，所以能這樣，是因為我常能保持平靜的心，不受外在的情況干擾。我對外在的情況，儘管是罵、是讚、是褒、是貶，我皆瞭如指掌。平時衝擊我的問題相當多，我都能保持心理的平和，所以體力消耗得不多，頭腦也不會受到衝擊和刺激，也不致使細胞無故受殺傷。所以經常保持心平氣和，說起來容易，做起來是很難的，希望諸位有機會來參加我們的打坐行列，進而學習打坐的方法與訓練。

❁ 提高工作效率與判斷力

一般事業家都很忙，正因為忙，所以需要用閒下來的時間打坐。切勿以為利用時間去打坐、念佛是一種浪費，相反地，它可以提高我們的工作效率與判斷力，對處理的任何事都會有相當客觀的立場。否則，一受到外界的刺激，往往就失去客觀的判斷，那將會錯誤百出而不自知。如果我們經常能付出一點時間的代價來打坐，還是很值得的。所以說「忙人時間最多」，這是我提倡的一個觀念，諸位企業家一定是非常地忙，我相信你們的時間一定也會很多，否則你們的事業不會做得那麼好。如果你們能夠挪出更多的時間出來做修養身心的工夫，成功率會更高，成就更大。奉獻了那麼多的時間給事情，為何不找一些時間給自己？

——

選自《聖嚴法師心靈環保》

禪一下

只要有心，
「忙人」會充分運用時間、分配時間，
兼顧家庭與事業的雙勝雙贏。

13

CHAPTER

如何不再過分焦慮？

常常聽到很多人說壓力太大，不知道如何紓解，而憂鬱症的問題，更是困擾著許許多多的現代人；據說，今日臺灣已有上百萬的憂鬱症病患。憂鬱的產生，有的是求好、求完美，怕失敗、怕做得不好；有的是無法面對未來的「不確定性」，對於天災、人禍、經濟、政局、家庭、工作等種種因素，不清楚將來會如何變化，所以憂慮恐慌。過分的憂慮恐慌就會導致「憂鬱」，因為憂鬱而迷茫，更不知如何去面對排山倒海似的種種狀況。

居安思危

今日臺灣的人心，由於長期生活在缺乏危機意識的環境之中，一旦出現危急的狀況，就不知如何處理，無形中也成為憂鬱症的誘發因素。因此「居安思危」便顯得格外重要，平日就應該有準備，當險惡的狀況來臨時，才不會慌了手腳，才不會無力面對。

例如，十多年前，我曾經見過一位營建公司的老闆，他因為怕鈔票有很多細菌，所以不敢用手摸鈔票；如果要數錢時，就用夾子一張張數，或請助理來幫忙。這位一直恐懼鈔票有細菌，擔心摸了會中毒的老闆，他最後死去的原因竟然僅是因為一場小病。那是由於他過分恐懼、憂慮，不願碰觸可能有細菌的東西，長期下來，造成他的體內缺乏一般人所應該有的免疫力，使得他的抵抗能力極差，反而更容易受到有毒病菌的感染。

過分的焦慮、憂鬱，而不知如何面對現實的壓力，會使得所面臨的狀況變得更加嚴重複雜。但是，對於還沒有發生的麻煩事，也不要太恐慌，很多人經常莫名其妙地擔憂下一個問題的發生，或是掛心已經發生過的問題，會不會持續再發生。例如大地震之後，就怕不知何時會再來一次，結果這也擔心、那也擔心，讓自己陷入永無止境的憂慮中，這些都是杞人憂天。世間事物，本是無常，本來多變，平時要有應變的準備，臨事只要因應得當，問題便能迎刃而解。

凡事盡心盡力就好

如何避免憂鬱、走出恐慌呢？我提供四句祕訣——「面對它、接受它、處理它、放下它」。也就是說，當問題發生、狀況出現時，不能逃避，不能視而不見，要積極運用我們的資源與智慧來處理。如此，原本遇到不好的狀況，就有可能變好；在盡力處理過後，不論結果如何，都不要老是掛在心上，要能夠放下它，而且凡事盡心盡力就好，不必要求自己完成不可能完成的任務。

壓力其實都是自己給的。過度的擔心及憂慮，均無法改變事實，唯有積極面對問題，運用智慧處理問題，才能克服困難、解除壓力。

——

選自《人間世》

禪一下

放輕鬆並非遊手好閒、無所事事。
生活當然要有目標，
工作也要有計畫，
而且要有實現的決心。

14

CHAPTER

把壓力當作責任感

沒有壓力是不可能的，以我的看法，壓力的來源，一是來自於責任，一是來自於恐懼。所謂責任，就是自己必須負起什麼樣的責任、要完成什麼樣的任務，在什麼狀況下完成自己的希望、要求，或者是別人對自己的要求，這漸漸就會形成壓力。換句話說，難道時間充裕就沒有壓力了嗎？不一定，有的人時間很多，但是他心理上的壓力還是很多、很重，原因就是責任很重。

還有一種壓力來自於恐懼，恐懼是什麼？就是希望好，但是可能沒辦法那麼好；希望不會出問題，但是可能會出問題。有些恐懼是對自己的信心不夠，對環境因素沒有辦法掌控。自信心不足，就是沒有十成的把握自己能不能達成某個目的，處於「試試看」、「也許吧」的狀況下，就會產生恐懼。

把壓力當作危機感、責任感

壓力通常是自己給的，其實是可以不要的，以責任感來說，我盡自己的心力、盡到自己的力量，就是盡到自己的責任。至於說沒有辦法抗拒的、或不是自己所能夠控制的因素，不知道什麼時候會發生，恐懼、害怕也沒有用，反而會因為太過擔心而另生問題。

我不把它當成壓力，而是把它當作一種危機感、責任感。當時看到佛教衰微，看到出家人是那麼地無知、佛教徒是那麼地迷信、社會是那麼地混亂，就會要求自己，既然對社會、大眾有所期待，就不能把這個責任推到別人身上，讓自己來做做看吧！我抱持著這樣的想法：「應該要做、還沒有人做的事情，我來做。」但究竟能不能做得到，還是個未知數。

可以說，我的一生之中都是被壓力推著往前走，別人不願意承擔的我來承擔，有時別人會說你很傻、多管閒事，而且是管了很大的閒事，這可以說是一種壓力，但也可以說是對自我的期許。

不論是從哪裡來的壓力，首先要承受它，承受的時候當然是最好避開鋒頭，如果實在避不了，盡量想辦法讓感受輕一點。心理上的壓力跟物理上的壓力不大一樣，物理上的壓力打到你的時候，即使避開了還是會感覺痛、會覺得受傷。但是心理上的壓力可以不受傷害，因為可以從自己的心來做調整，壓力來的時候把它調整一下，變為另外一種思考模式。

學習逆向思考

我常常告訴自己要學習逆向思考，也就是在逆境的時候如何面對逆境，如果不能面對逆境、不能解釋逆境，而選擇逃避或抗拒，這都不是解決問題的辦法。面對心理上的壓力，最好是能夠給它一個逆向的詮釋，例如說這個逆境來得真好，我正需要，如果沒有它的話智慧無法累積、力量不能凝聚，沒有這麼多的事情交給我，可能我的時間就因此浪費了；沒有遇到逆境狀況時，我的生命就淡而無味了。所謂多彩多姿的人生，就是因為有一些奇怪的事情出現在我身上、周邊，讓人使出渾身解數，提供機會使出本領，趁機鍛鍊出堅強的意志和體魄。

有時候試試看反向思考吧。你會覺得很歡

喜地承受、很歡喜地面對，視壓力為練就自己的機會，用感恩的心、平常心面對各式各樣的外在壓力；心打開了，壓力自然不會構成威脅。更重要的是靠自己的心，心念要會轉，就可以把逆境變成逆增上緣，而且感恩逆增上緣的來臨，藉由這次的試煉而得以開發自己的潛能，這個時候本來是很重的壓力，就變成輕鬆的棉花了。

——

選自《不一樣的身心安定》

禪一下

平時經常保持身心放鬆，
便能於遇到突發狀況時，
身心還是處在平常狀態，
不會恐懼、緊張。
不過，必須靠經常打坐
才能真正做到鬆弛，
而平常也要練習。

15

CHAPTER

感謝壓力讓我們成長

承受壓力的時候一定會感到痛苦，究竟是對痛苦感恩，還是痛恨？承受壓力的時候，問自己：這個壓力是來自於他人，還是自己內心產生的？如果是來自於外在，那為什麼不思考一下：我自己的生命究竟是寄託在哪裡？是為他人而活，還是為自己而活？例如父母要求兒女要把書讀好，有的父母是因為自己沒有把書讀好，希望兒女能夠把書讀好，兒女就要承擔父母的期待。

父母的期待並沒有錯，可是站在兒女的立場來看，會懷疑讀書究竟是為了父母，還是為了自己？以我來說，就是把它轉化一下，將時代、環境給我的期許，變成自我的期許、自己的責任，之後就要好好地努力了。因此要充分運用自己的生命、時間，能夠成長才有機會奉獻，一邊成長的時候、一邊同時也在奉獻，在過程中時時提醒自己：這是我自己要做的事，心甘情願地做，就不會構成壓力。如果說是很無奈、不得已，非得做不可，好像一隻牛想要吃草、休息，就得看牛的主人是否同意了。

把壓力變成成長的能源、原動力，這個非常重要，如果對自己沒有責任感、期許，我想這個人大概沒有辦法承擔大任，也不可能有什麼貢獻。人從小到大一定是在被期許的狀況往前走，這是大人的期許、社會的期許，還有自我期許，轉化過程相當重要。

其實各人有各人的紓解方法，不一定相同。聰明的人大概用藝術也可以、用運動也可以、用欣賞的生活也可以。有人就是罵人、捶桌子、打板凳；更不好的是，有煩惱的時候拚命吃、拚命喝。

心理的疏導

其實紓解壓力的方法很多，最好的方式還是心理的疏導。身體健康能夠承受壓力，但並不是絕對的。有的運動員身體非常健康，但是他們的心理都非常苦悶，承受的壓力也沒辦法獲得紓解，這就得解決心理上的問題了。

有的人不知道應該做什麼，也不知道自己的潛能有多大。我經常告訴我的弟子們，我不是給他們壓力，而是告訴他們危機：如果我們不努力的話，往前走是非常痛苦的。

路很難走，讓他們認清事實，既然是會出現的事實，我就預先告訴大家，為了避免痛苦，必須未雨綢繆。為了避免日後一些困難險阻、危機的出現，所以現在要先做好準備，我們不要把它當成是壓力，而是一種自我準備與調適。這可以說是我對他們的期許，讓他們有危機感的時候，就把它變成自己的責任或者是使命。

壓力是學習機會

現在的工作者，無論年輕人或長者，每天都可能接受很多新的挑戰，假如沒有新的挑戰，表示自己大概還沒有進入新的階段。我們每天都活在新的環境中，都會遇到種種挑戰，或是主動去面對每一樁新鮮的事物。如果沒有新的東西出現，我們就沒有機會學習。每當新的東西、新的狀況出現時，不要把它當成壓力，否則會產生恐懼，而要把它看成是學習的好機會、成長的因緣。

沒有壓力的生活實際上是無聊的生活，不要認為面對壓力是一種挑戰，因為這種想法會產生恐懼。要用另外一種角度來思考：任何狀況都是讓我們學習的機會，我們要感恩每個機會，感謝每一樁讓我們成長的因緣，如此，每天都能過得很新鮮、很活潑、很有意義、非常充實。

——
選自《不一樣的身心安定》

禪一下

放鬆身心，
放下身心，
那就是真正健康的身心。

16

CHAPTER

應該放鬆休息就休息

我常說「忙人的時間最多」，特別忙的人往往都還能夠抽出時間來做自己喜歡的事。有的人興趣是跳舞，有的人興趣是聽音樂，有的人則是打高爾夫球，但是有的人是工作狂，他的工作通常就是他的興趣。

也有一些人是很會安排時間，把時間安排得恰到好處，應該放鬆休息的時候就休息，應該工作的時候就工作。而他的工作品質還是非常好，因為他有休息的時間，頭腦不會老是緊繃的。當我們的頭腦緊繃時，就會覺得壓力很重，總是緊張著要趕進度，想辦法要超越別人，就怕別人趕過自己。

其實大可不必如此。如果我們把時間安排好，有自己的目標、進度，就不需要給自己壓力。

學會自己安排時間

時間是要自己去安排的，而心情也是要自己去調整的，並不一定要給自己壓力或被人所壓迫，工作才可以做出來。

還有，我經常說，當問題來時，急也沒有用，而是要去面對問題、接受問題、處理問題、然後放下問題。事情今天做不完，光是著急也沒有用，還不如趕快睡覺，明天再好好做。當然，能夠今天做完的，還是得做完它。

像我自己也很忙，但是我還是有時間讀書、寫作、休息、打坐，時間從哪裡來的？是自己安排的。

心中沒有負擔

禪修最主要的目的就是要幫助人放鬆身體和心情，所以不一定要打坐，站著、坐在椅子上也可以，不一定要盤腿而坐，只要能讓頭腦休息就行，因為我們一向用慣了頭腦。也要讓眼球、眼睛休息，並且放鬆小腹、身體肌肉和神經。

放鬆的時候，頭腦不是空白，而是非常輕鬆愉快的，心胸開闊沒有負擔，這包括神經緊張的負擔，以及思想、思考緊張的負擔，沒有這兩種負擔的話，你就快樂似神仙了。

有位企業家在禪修過後，他說他非常對不起自己，因為他太虐待自己，從今以後要好好對待自己。

這是因為他過去給自己太多的壓力，現在

他曉得該怎麼樣放鬆自己了——放鬆自己的心情，但是工作和原則是不會放鬆的。

——

選自《聖嚴法師與科技對話》

禪一下

在日常生活中，
保持身心安定、輕鬆，
也是「禪悅」的體驗，
所以在我們的生活圈中，
也是「處處有禪悅」。

17

CHAPTER

如何在忙碌當中不亂、不煩？

如何在忙當中而能不亂、不煩，可以靠觀念、想法的提醒及多進行內省的工夫來達成。例如很忙的時候，首先告訴自己不要煩，因為煩就會亂，而要經常保持頭腦的冷靜；另外，身體雖然經常在動、工作非常多，但是不要急，還是好好地把工作依序完成。如果能夠這樣處理，雖然忙，心裡不會煩、不會急，自然不會生起盲目、茫然地感受，對身體、心理也不致造成太大的損害。相對地，長久處在又煩又急，又不知所以然的情況，血壓就會上升，高血壓、心臟病等病症都會接二連三報到。

其實，生理和心理是一體的，很多人認為只要身體健康就好，但是如果心理不能平靜、安定，身體再健康，也算是有病的人；而如果心理維持著很平靜的狀態，即使身體有點累或有些毛病，也還是健康的人。至於如何保持良好的精神狀態，就要靠自己平時多做一些內省的工夫了。

體驗呼吸、感受呼吸

打坐是用呼吸的方法：體驗呼吸、感受呼吸，這個時候最容易讓頭腦放鬆。呼吸平穩以後，身體的肌肉也會放鬆；如果呼吸不均匀，身體的肌肉就會緊張。

打坐時，最主要是把小腹放鬆，身體自然覺得舒暢，頭腦也不會那麼緊繃；肌肉、神經的鬆弛，使分泌、循環系統都變得正常。日本有位醫師曾做過臨床實驗，證實打坐對身體的好處多達二十四項。以我個人的體驗來講，只要一打坐，身體就會輕鬆，頭腦也會較清明。如果覺得相當累、相當忙，只要打坐兩分鐘，即使頭腦本來有點熱，很快就會覺得清涼，這是一個很大的享受。

至於疾病方面，我覺得不妨從反向及正面思考切入。例如身體不舒服，就當作是一種體驗，既然是體驗，就沒有所謂好與不好，也能安心接受，心情就會保持平靜。還有，可以用一種感恩心、歡喜心來面對，也就是所謂的正面思考，例如知道生活中不如意事十常八九，如果發生像生病這樣不如意的事，也就沒什麼好意外的。有這樣的想法，對生病就不會排斥、抗拒，也不會產生厭煩、無奈或無助的感覺，這樣的態度對病人來說相當重要。

心靜的原則

一般人都認為修行的人要靜修，其實動靜都是修行，身體動的時候，心是寧靜的，心在活動的時候，身體是鬆弛的。也就是身體在動，心情要靜，不要因為身體動或環境動，心也跟著亂；而心靜的原則很簡單，只要注意呼吸，知道所處的環境、知道自己在做什麼，把環境和身體的狀況客觀化，讓自己抽離出來，這樣心一定是平靜的。

——

選自《不一樣的環保實踐》

禪一下

開始禪修的時候，
要先調整和放鬆你的身體，
然後你的心才能平靜。

18 CHAPTER 如何臨危不亂？

能修禪定，內心自然平安。所謂平安，便是不受環境困擾而起煩惱，不因環境的動亂而內心也跟著波動不安，心定能如止水，能如明鏡，能如萬里無雲的一片晴空，則身體雖住五濁惡世，也不會使我們感覺到煩擾不安，就能將此混濁的世界，看成人間的淨土。

怕也沒有用

例如有一次我們的汽車，正在高速公路行駛，突然發現後邊有一輛車，飛快超過我坐的車，另外，後面又來了一輛汽車，加速緊跟，也想超入我們前面的車道，結果，使我們的這輛車，變成進退維谷，開快會撞上前車，開慢會被後車撞上。我的駕駛弟子，則一邊大叫，一邊嚇得面色發青，心跳個不停，我坐駕駛座旁，始終保持沉默。當危機閃過之後，他問我說：「師父！你為何不怕，差一點就被撞死了！」

我說：「既然有師父在車上，還會撞車出事嗎？」實際上那僅是安慰他的話。我又說：「要死，如非死不可，怕也沒有用；不死，反正不會死，也就不用怕。以後你要學著用這樣的心態，心平氣和地謹慎開車。」

他回說：「師父，我尚無如此的工夫。」

臨急應變，切忌慌張

我勉勵他說：「你要學著每天打坐，保持心緒平靜，再遇到如此的情況，就能夠不慌不忙，該如何應對就如何處理了。光是臨危大叫，不濟事的。」

臨急應變，切忌慌張，若有定力，便知天下本來無事，好好處理就是。

——

選自《念佛生淨土》

禪一下

放鬆能使我們身心健康，
發生任何事，遇見任何人，
都不必害怕，不要擔心，
心存感謝對方，
就能面帶微笑。

19

CHAPTER

有智慧的忍

從佛經上來看，「忍」有「忍耐」和「智慧」兩種意思，真正的忍是有智慧的，不會讓自己感到痛苦。如果被別人欺負或受到委屈，咬牙切齒地忍一口氣，如此痛苦的忍就不是智慧。此外，聰明不一定就是智慧，佛經裡的智慧是不起煩惱，不讓自己感到困擾，遇到任何麻煩及困難的問題都能夠解決。所以，我很喜歡「忍」這個字！

只要忍耐，不需忍氣

這是必然的，因為每個人都有自己的思想

天地，自成一個宇宙，要讓所有人完全了解自己是不可能的，而且這也涉及個人的立場及修養，是無法強求的。但應該堅持還是要堅持。正所謂「小不忍則亂大謀」，有時不要過於衝動，不要「明知山有虎，偏向虎山行」，白白犧牲生命。此時，我們可以選擇把老虎引到一邊或是自己繞個圈子，如此一來，不但不會受傷，也能達成原定的目標。多花些時間，設法和事情周旋一下，就可以超越它。

忍氣就是敢怒而不敢言，心裡非常憤怒卻不敢表達，因為沒有疏通的管道，所以十分痛苦；而忍耐是認知到，這是自己必須接受的考驗，所以不需要生氣，只要忍耐而不需忍氣。

無常就是正常

其實紓解或調整情緒的方法很多，而且要

時常練習。任何人都可能對自己或別人生氣，如果能每天預留一點時間和自己獨處，回想或反省剛才的情緒，體驗獨處時的心情，就可以讓情緒平靜。一般人大多會觀察、了解進而指導、勉勵他人，卻很少體驗自己獨處的心情；此外，體驗呼吸也是方法之一。在我就讀小學時，老師教我們站在講台上練習深呼吸，幾個深呼吸之後就不會緊張，而生氣時做深呼吸、感覺呼吸，心情就可以藉呼吸的調息而調整，漸漸平靜；心情平靜之後，才懂得如何以智慧處理事情。

最近有位企業家告訴我，當他正處於人生頂峰時，公司突然發生問題，營運走下坡。面對這種情況，他最初也無法接受，後來他領悟到，一切都是無常，無論好景不常或是好景長存，其中的變化仍是無常，而無常就是正常。就像在爬人生的山，爬到頂峰時總是要下山，下山到了最低的谷底時，就會再往上爬，下山和上山時所體驗的風光不同、時間不同、路線也可能不同，我們應該享受不同的人生風景，欣賞自己的起落，當無法一直往上爬時，不妨往下走，說不定會有其他的收穫，這就是有智慧的人生。

——

選自《不一樣的生活主張》

禪一下

身上某些部位緊張，
可能會使整個身體不安穩或焦躁。
如果發生這種情況，
就請回到放鬆的方法上。

20

CHAPTER

如何隨時隨地放鬆身心？

享受活在當下的自我

放鬆身心是隨時隨地，將腦部神經及全身肌肉，保持在輕鬆的狀態；初初練習之時，則最好須有一個比較不受打擾的空間和暫時擺下萬緣的時段，僅僅五分鐘和十分鐘也好，盤腿坐最好，坐在椅子上也可以，主要是把眼睛合攏，眼球不要用力，不用頭腦思考，保持清醒狀態，面部略帶微笑，全身的神經、肌肉、關節，都不用力，小腹不用力，身體的重量感是在臀部和椅子（墊子）之間，然後體驗呼吸從鼻孔出入的感覺，以享受生命的心態，來享受活在當下的自我；這時候，你能踏實地體會到，當下的呼吸，便是全部的生命，享受每一口新鮮的呼吸是最真實最親切的自我之外，其他的東西，不論是得失毀譽，無一不是夢、幻、泡、影，過去的已煙消雲散，未來的尚不可捉摸。

建立自信心

在認知當下的同時，就可發現自我的信心是極其脆弱的，對於自我的認知，是極其有限的，乃至對於自我的駕馭，也是有所不足的；所謂心高氣盛、自我膨脹、自我掩飾、或者自哀自怨、自甘墮落、情緒起伏、心猿意馬、心浮氣躁、身不由己等的毛病，都可在此放鬆身心及體驗身心的練習中，察覺出來，並且逐步改進過來。知道自我的優點與缺點愈深刻，自我肯定的自信心的建立也愈穩固。

——

選自《致詞》

禪一下

若能練習好放鬆身心的工夫，
可穩定情緒，
也可增長一些自知之明的
自信心和自尊心了。

21

CHAPTER

睡前如何放空自己？

「吃飯時吃飯，睡覺時睡覺」是修行的態度，也是生活的態度。生活就是修行。提到「禪修」，很多人當它是神祕主義，或者像印度的瑜伽一樣，要盤坐、練氣，收攝身心。其實，禪是不拘形式的，禪就在日常生活中，所以「吃」與「睡」都是修行。

睡覺時好好睡覺

但在忙碌的現代，很多人該吃的時候不吃，忙著開會、聊天、看報告，就算邊看邊吃，也是食不知味。該睡覺的時候又是胡思亂想，還放不下白天的事，擔心明天的事，大腦無法停下來，就算睡著，也睡得不熟，醒來還是非常疲倦。

這樣，該吃的時候不好好吃，該睡的時候不好好睡，這就不是修行了。就算填飽了肚子，卻不知道吃進去的是什麼滋味；就算睡在床上，卻是多思多慮，完全得不到放鬆，這覺是白睡了。

無法好好睡，是現代用腦工作的白領階級的通病。要擔心、在意、憂慮的事情太多；有人失眠，還有人有憂鬱症。所以，要能睡覺時好好睡覺，必須先找出原因，找出自己憂慮的癥結，解決它，該去看醫師就要去，並且按時服藥。

改善失眠

在修行者來說，睡覺前會把自己放空、放鬆。可以先洗個熱水澡，之後打坐，讓身體肌肉舒緩鬆弛，腦子的運作步調也跟著慢下來，盡量什麼都不要想。上床的時候，練習體驗自己的呼吸，感覺每一次呼氣、每一次吸氣；如果心裡還是七上八下，就可以數息，從一到十，一進一出算一次，一直數到十。大半還不到十，就會睡著了。有人失眠就數羊，一隻羊、兩隻羊……，我建議不如數自己的呼吸；羊跑掉了，就回到自己的呼吸，把身體放鬆。

改變睡覺姿勢，也會對改善失眠有幫助。如果是短暫的休息，例如中午午睡，就仰睡；若是夜晚睡眠，就右側睡，不會壓迫到心臟，這樣有助於睡眠品質。

——

選自《方外看紅塵》

22

CHAPTER

坐禪比按摩更能放鬆？

一般人以為禪坐完全是靜態的，其實不然。正確的坐禪姿勢能使身體健康，放鬆全身肌肉、關節、神經，使得內分泌系統、消化系統以及循環系統正常運作，這是身體在靜態中的活動。

坐禪的效果比按摩更佳

有些人為了鬆弛肌肉，常常求助於按摩師，殊不知坐禪的效果比按摩更佳，因為禪坐能令我們身心徹底放鬆，而當你在接受按摩時，心情可能仍是緊張的。

禪坐對高血壓、風濕症，以及神經衰弱等

慢性疾病有相當可信的療效。當然，禪坐不是外科手術，更非仙丹妙藥，乃是讓你的健康在不知不覺中漸入佳境，而達到治療的目的。

我的英文翻譯王明怡先生，就是一個很好的例子。十九年前，他苦於劇烈的頭痛，無法專心讀書或工作，為了紓解壓力，他求助於禪坐，大約只經過半年的練習，惱人的頭痛就不治而癒了。當然，他的頭痛也算是個善巧的因緣，於他、於我都有益，如果不是頭痛的緣故，他就不會來學佛，而我就少了一位得力的翻譯。

將痛苦化為助緣

所以有病在身不見得不好，即使剛開始讓你痛苦難安，但是假如有善因緣來幫助，經過妥善的處理，結局反倒可能是意想不到的好。因此，逆境來臨時，不要抱怨，好好地面對它、處理它，也許就能夠將痛苦化為助緣，而開創出一番新的局面。

——
選自《動靜皆自在》

禪一下

適當的休閒可以讓自己的身心舒暢，
呼吸的空氣是新鮮的，
還有生活的氣氛是輕鬆的，
生活的步調是舒服和諧的，
這就是真正的悠閒生活。

23
CHAPTER

用禪修放鬆頭腦

恢復心理平衡

我給每一班學生上第一堂課的時候，總是要問他們每一個人，來學坐禪的目的是什麼？希望在身體方面獲得利益，抑是希望在心理方面求取幫助？

大多數是為了在心理方面求幫助而來學禪。可見今日生活於美國社會中的人們，在現實環境的強烈刺激和壓擠之下，神經過度緊張，有很多人的心理都失去了平衡，除了嚴重到要去請教精神科醫生之外，他們就來學習坐禪。

我有一位婦女學生，她是某一著名大學非常優秀的講師，初次見我，便問我能不能幫她一個忙，替她解除緊張不安的情緒，我說這對於學習坐禪的人而言，乃是太容易的事了。結果她在上了課之後，便覺得坐禪對她的生活乃是一大恩惠。

減輕腦部負荷

方法很簡單，主要是使你放鬆全身的肌肉和神經，將注意力集中於你所學到的方法上，因為肌肉和神經的緊張，關係著你的頭腦的活動，如何減輕你的腦部的負荷，是關鍵所在。

當你的妄念及雜念漸漸減少之時，你的腦部就可漸漸地得到休息，腦部對於血液的需求量便愈來愈少，使有更多的血液，遍流全身。同時由於你腦部輕鬆的緣故，全身的肌肉也放鬆了，因而血管放大，周身感到舒適，精神自然感到爽朗，頭腦的反應也自然更為明快和輕鬆了。

——

選自《禪的體驗・禪的開示》

禪一下

如何放鬆身心？簡單地說，
首先心中不要憂慮、恐懼，
要發生的事，憂慮、恐懼沒有用；
應該發生的事，興奮也沒有必要；
已經發生的事，難過更是於事無補。

24 CHAPTER

放鬆後為何心會更清明？

如何開發清明心？

如何開發清明心？先要把身體放鬆、頭腦放鬆；當頭腦輕鬆時，沒有因強烈的自我執著為你帶來困擾，心中便不會混亂複雜，感受到自由自在。有了超越的清明心時，無漏無染的智慧便自然出現，這種智慧出現時，平等關懷一切眾生的慈悲心，也自然流露。因此，剛剛習武之人，遇到對象，便當作敵人，就擺出架勢招式，準備出手攻擊，渾身都是緊張的。只有已高明到出神入化的武術家，便真人不露相，看不出他會武藝；因為他們經常保持著輕鬆、和平的身心，在必要時只會拯救人，不會傷害人。

不必討厭妄念

放鬆的方法非常重要，我們一起來練習一下：首先，把兩隻手放在膝蓋上，把身體靠在椅背上，把全身的肌肉放鬆，眼睛閉起來，眼球不用力；如果眼球用力，頭腦就會用力，渾身的神經、肌肉都會緊張。然後，臉部的肌肉放鬆，肩頭不要用力，手不要用力，不要感覺自己的上身有重量，重量的感覺在臀部和椅子之間，此時，只注意在放鬆的情形下，連身體的感覺也不存在。這個時候，頭腦是清楚的，對環境是清楚的，也很清楚身體在那裡；但是，不要想到環境和身體跟你有什麼關係？最重要的，小腹也要放鬆，頭腦裡沒有妄念、雜念，四周雖然有聲音，但是，不去想這些東西。有了妄念，不必討厭，只要知道有妄念，妄念已經消失。再度注意放鬆就好。

——

選自《禪門》

禪一下

禪是禪定，
禪是純客觀的智慧，
禪是放鬆身心、放下身心的方法。

25

CHAPTER

以呼吸法幫助放鬆

用智慧來因應困境

佛教所講的「禪」，即是讓人從混亂的心變成安定的心，從安定的心轉化為智慧的心，這其實是很簡單的一樁事，例如六祖惠能大師講的頓悟法門，就是不管遇到任何狀況，都能以「不思善、不思惡」來應對。看到事情發生，不去思考好或不好，心裡不要去分別它是對己有利或無利、危險或安全，當下的心就是安定的，這就是智慧。

最近有位菩薩打電話給我：「師父，您年輕時曾寫過一篇罵人的文章，現在有人要出一本書，會把它寫進去，這對您很不利，是否請他不要寫出來？」我告訴他：「是我寫的，就是我寫的，如果有人問我為什麼寫成那樣？很簡單，那時候的我愚癡啊！」遇到事情，不去思考對自己有多大損失或不利，而是承認、面對當時做的事，只要往後不再那樣做就好；萬一出現危機，則盡量設法使所受的傷害減到最低。如果已經處理，還是無法圓滿，那就平心靜氣地接受事實，也等於是在處理了。

用呼吸方法安定身心

如果沒有智慧來處理危難事件，遇到慌亂、恐懼時，尚有禪修的方法：體驗呼吸在鼻孔的出與入。

通常在慌亂的狀況時，呼吸一定急促，心臟跳得厲害，心亂和呼吸急促是有互動關係的。因此，注意呼吸進與出的感覺，而且要告訴自己：呼吸就是我的生命，有呼吸，表示我還活著，呼吸是最可貴的，至於危險的事情，等享受呼吸之後再來處理。否則，死的時候，連呼吸的感覺都不知道；活的時候，連呼吸的味道都沒有享受過，真是可惜呀！所以，好好享受一下呼吸，吸的時候是清涼的，呼的時候是溫暖的，呼吸實在是太好了。

練習著享受呼吸、體驗呼吸，心情一定會安定下來，經過幾次呼吸的體驗之後，就不會再有恐懼感了，便能平心靜氣地來面對它、處理它了。如果時間不是那麼地緊迫，還可以把頭腦放鬆，身體放鬆。所謂頭腦放鬆，主要是把眼球放鬆，眼睛閉上放鬆之後，頭腦一定會放鬆，那麼身體的肌肉也會放鬆。在這種放鬆的情形下，頭腦的判斷力是比較清楚的。

有一位居士的兒子發生車禍，家裡的人都急得團團轉，他反而去打坐，家人就罵他：「孩子都發生車禍了，還在打坐裝死！」他坐了一、兩分鐘，在頭腦安靜一下之後，就曉得如何幫助兒子找到方法脫離險境。該打電話的打電話，該找人的去找人，該找醫生的去找醫生，他做了最好的判斷，救了他兒子一命，這就是臨危不亂。打坐休息，實際上是在讓頭腦沉澱、釐清，知道下一步應該怎麼去做。

——

選自《心安平安，你就是力量！》

禪一下

在生活之中多保持一份寧靜的心，
多保持一份向內看的心，
就會少一點被外境困擾的可能。

26 CHAPTER 人生如何慢活？

「慢活」的意思，就如同禪修所說，放鬆、不要緊張。打拚是很緊張的，但慢慢地來，是在欣賞自己的人生，走任何一步，都是在享受、欣賞。

慢慢體驗自己的生活

舉一個例子，越南籍的一行禪師，他教人學禪的方法，要人慢慢體驗自己的生活，體驗自己走路的感覺，享受自己慢慢走路的過程。有很多的人生活非常緊張，甚至緊張到害病，糖尿病、心臟病、高血壓樣樣都有。

用禪修的方法，可以將生活的步調放慢，把自己的心情緩和下來；心情一旦舒緩，工作就更有效率。

我常說：「工作要趕不要急。」

趕工作並不是等同於急躁。通常很多人趕工作都會很急，手也急、腳也急、心也急，工作好像是趕的，趕的結果反而讓工作出差錯；慢慢地做，反而會做得非常好。

慢與效率不衝突

我有一位女弟子，在哥倫比亞大學讀書。那時我也在美國，她擔任我的侍者，每天替我準備早、午餐，晚餐則等到下課回來再做。這位弟子每天一早起來還要做早課，她的動作很慢，不慌不亂卻效率很高，慢動作之中也可以做出細工夫來，工夫細而效率高。她在一小時內可以做許多事，慢與效率是不衝突的。

我問她：「動作這麼慢，為何一小時可以做這麼多事？」她說：「不能快，快就會亂了方寸，我很清楚每小時、每分鐘應做的事。」

還有另外一位女弟子，她整天都很忙，包括掃地也是很快，但拚命掃卻掃不乾淨。

因為忙就想很快地掃完，反而揚起許多灰塵，結果地掃了卻不乾淨。她每天拚命地工作，但工作效率和品質都不好。

由此可見，慢活的提倡，和發揮效率、發展潛能是不衝突的，反而是有助益的。

——

選自《方外看紅塵》

27

CHAPTER

禪修的放鬆要領

禪，在中國叫作 Ch'an，在日本叫 Zen。正在學禪的人，應該都知道它最基本的方法是「放鬆」和「專心」。

通常，在你專心的時候，你的頭腦和身體都是很緊張的，所以當你工作一段時間以後，便會感覺很累而需要休息。

可是，禪的修行方法，也要求專注，然在專心用方法的時候，要求把頭腦、肌肉、神經都得放鬆。如何能在放鬆了以後，你的頭腦還能集中，則必須經過訓練了。

讓身體真正放鬆

當你在練習禪修，你的身體也能真正放鬆時，你的呼吸便會非常平穩，血液循環順暢。人身因其組織機能不通暢、內分泌發生障礙、賀爾蒙失調之時，便會導致各種疾病。

如果你的身心能經常處於輕鬆的狀態，許多的病症便能迎刃而解。

禪修方法可分動、靜兩種。動的方法是指在日常生活中用心；靜的方法是指打坐。

坐時姿勢務必正確，脊椎挺起，但胸部任運自然，不可作意前突，頭要正，但不可太低或太仰，這樣便能使我們的脊椎神經對內臟產生調整作用。

即使不用任何方法鍊心，只要姿勢正確，對身體健康亦非常有益。

心理也要放鬆

有一位太太本患某種慢性病，結果這麼一天坐下來，病就自然好了。所以她對我說：「打坐有什麼妙用並不清楚，但是它可治病。」

這就說明了，坐姿正確，能使我們身體健康。但是，除了正確的姿勢外，心理的放鬆也是很重要的，否則效果恐怕就不顯著了。

——

選自《禪的世界》

禪一下

能夠放鬆身心，就是定的功能；
能夠放下身心，就是慧的工夫。

28

CHAPTER

為何學會放鬆能廣結人緣？

教給各位許多方法，目的只有兩個：一是使諸位學會放鬆身心，二是讓你們隨時都能安定身心。這兩者其實是一體的兩面，只要能放鬆就能夠安定，能夠安定就會放鬆。但是，首先要練的是放鬆，安定可以說是放鬆的結果。

減少煩惱，減輕壓力

能夠放鬆身心，煩惱必然減少，壓力、負擔也才得以減輕，心智才會明朗。練會了身心放鬆，注意力自然集中，身體的機能也得到平衡，心情才能夠寧靜。

學會放鬆，不只對自己身心健康有用，對日常生活有用，對自己的家屬、親戚、朋友也都有益。

一般人認為自己念幾句佛號，把功德迴向給人，就是對眾生結善緣，其實，迴向固然有用，但是作用不夠直接。我們若能放鬆身心，則言行、舉止、觀念、氣質，都產生了變化，於己於人才更直接、更有「用」。

好事不強求，壞事不拒絕

如何把心放鬆？簡單地說，好事不強求，壞事不拒絕。一切現象的發生必有其原因，要平心靜氣地接受它、處理它、完成它，這就容易放鬆了。

——

選自《禪的體驗．禪的開示》

29

CHAPTER

禪坐有什麼功能？

先放鬆身心，才能放下身心

打坐的基本要領，是先放鬆身心，才能放下身心。現代人，尤其是生活在美國紐約的人，都是非常緊張，上班趕時間緊張，在公司辦公室緊張，下班開車緊張，回到家裡和先生、太太、孩子在一起時，也有可能緊張。假日出去玩樂時也很緊張，趕緊出去，趕緊回來。最近報紙上有一則臺灣的消息，說有四、五個人在一家卡拉 OK 裡又唱又喝又吃，很興奮的玩樂之後，下了樓出電梯時，緊緊張張地爭先恐後，正巧遇上從外面進來了四、五個人，也是緊緊張張地要進電梯，兩隊人馬，便在電梯門口發生了衝突，結果新來的一夥人，忿怒地開槍，把另一夥準備離開的人，打死了幾個，打傷了幾個。如果他們在我們東初禪寺或者在農禪寺打完坐，走出寺門，一定很輕鬆，即使有人緊緊張張地衝進來，打坐之後出來的人遇到他們，一定會輕輕鬆鬆地說：「阿彌陀佛，對不起，你先請。」

我們想在緊張的環境內求生存，就需要放鬆身心。然而，許多人希望放鬆自己的身心，卻沒有門徑。告訴諸位，學習打坐，就能夠讓我們練習如何放鬆身心。

打坐的功能

打坐的功能有三項：第一是達到身心平衡，第二是達到精神穩定，第三是達到智慧心及慈悲心的開發。

身心平衡：就是身體平衡和心理平衡，這就是身心健康。如果一個人的身體強壯像水牛，心理脆弱像老鼠，就不能說健康。

精神穩定：精神的含義比較難理解，那不是心理，也不是生理，但是跟身心有關，它會產生無形的功能，會從有形的行為表現出來。

智慧及慈悲的開發是什麼？如果有了身心統一，以及自己和宇宙統一的經驗，精神就能統一。如果把精神和身心的執著超越了，就有智慧力及慈悲心開發出來。這裡說的智慧不是知識，也不是學問，而是絕對的決斷力。

——

選自《聖嚴法師教禪坐》

30
CHAPTER

好也自在、壞也自在

如何將健康的禪修方法和禪修觀念，運用在平常生活中；如何面對各種各樣的誘惑、刺激、困惑、騷擾，而能不起煩惱；如何在積極忙碌的生活中，尚能保持輕鬆、自然、愉快的身心。其重點方法是：放鬆身心、觀察呼吸、體驗感受。然後從無看有，從有看無，面對利害得失，都要心胸開朗，樂觀而不傲慢，謙虛而不自卑；它的不二法門就是《金剛經》所說的：「過去心不可得，未來心不可得，現在心也不可得。」

肯定現在、把握現在

初下手修學禪法的人，應該放下過去和未來，肯定現在、把握現在，每一念的當下最重要。如果經常把身心安住於現在，再體會現在心也不可得，那就進入《金剛經》的心要：「應無所住而生其心。」禪宗的六祖惠能就是聽了這句話而開悟的。

所謂「無住生心」的意思，就是指的「要以平等的慈悲心關懷他人，要以無我的智慧心出離煩惱」。如果能夠學習著運用以上這些禪的觀念和方法，就會享受到心無罣礙，解脫自在；忙也自在、閒也自在，好也自在、壞也自在，富也自在、貧也自在。

你家有事，他家有事，我家沒事

不過今天的社會大眾，生活的節奏忙碌緊

張，如果能夠學到一些禪修的體驗，就可以用到我常常講的兩句話：「忙、忙、忙，忙得很快樂；累、累、累，累得很歡喜。」還有句話是：「你家有事，他家有事，我家沒事。」

——

選自《空花水月》

禪一下

在情緒快爆發的當下要趕緊轉念，
退一步海闊天空，
應理性的看待與解決眼前的困境。

31

CHAPTER

把壓力全部呼出去

教給各位一個呼吸的方法：吸氣時觀想非常地清涼舒暢，好像因為吸一口氣，把體內濁氣都排了出去；呼氣時把身體感受到的重量、負擔——身體的重量和頭腦的負擔，都隨著呼氣而排了出去。

換句話說，諸位練習把身體放鬆、頭腦放鬆、眼球放鬆，身體每一部位都放鬆，然後注意呼吸，感覺從鼻尖出入的呼吸很舒暢、很舒服。

平時不知道呼吸是這麼地舒服，其實能夠呼吸，便是得天獨厚的享受。

把壓力、負擔全部呼出

吸氣時不要注意吸的氣到了那裡，只要想像吸進去的氣，把身體的每一個毛孔像窗子般打開，體內所有的廢氣全因吸氣換掉。呼氣時則慢慢呼出，把身上所有的負擔、壓力、感覺，全部隨著呼氣而排得乾乾淨淨，就像把倉庫裡所有陳年霉貨，清理得乾乾淨淨。

然後漸漸覺得身體虛虛渺渺，不像是一個有阻礙東西，而是四通八達、舒舒暢暢，呼吸就像和煦的微風穿透身體一樣，非常溫柔明淨輕鬆。這時候因為身體沒有負擔，頭腦也沒有壓力，所以非常舒暢安定而喜悅，一種淡淡的、輕輕的喜悅。

然後再運用三個原則：觀——運用方法，照——知道正在運用方法，提——發覺到離開方法時，立即輕鬆地回到方法上。

禪坐與運動的效果不同

如果打坐不運動，氣脈不容易通，因此要做柔軟體操。打坐和一般運動的體驗不一樣，效果、利益也不一樣，因為一般運動只是使身體舒暢，但頭腦不可能很寧靜。要頭腦寧靜，還是得打坐。

失眠是因為腦神經緊張，而工作繁重、憂慮過度，會使腦神經緊張。用腦過多時，雖然未到達頭痛的程度，但頭會發熱。各位不妨用手按摩眉稜骨正中，如果不痛，表示頭腦不緊張，如果會痛，要按摩此處，因為這兩條筋一直通到後頸。按摩時要緩緩用力，使它感覺到痛，而不是強力刺激它，按摩太陽穴的效果都比不上按摩這兩個眉稜骨的顯著。

——

選自《禪鑰》

32

CHAPTER

禪修時如何放鬆身心？

要進入修行，只需做兩件事：放鬆身，放鬆心。首先，確定身體的各個部位都完全放鬆、自在。其次，放鬆態度和心情；要確定你的心態、方法的調性和心情都是自在的，這種放鬆是成功修行的基礎。現在我要你們都試著放鬆身心，我會引導你們一起放鬆身體的各個部位。

放鬆全身的每個部位

開始時要選擇一個舒服的坐姿。從你的頭開始。要確定頭部的每個部位都放鬆。放鬆你的臉，放鬆眼睛。放鬆了嗎？繼續往下放鬆臉頰，往下放鬆頸部、雙肩。放鬆了嗎？繼續往下放鬆雙臂，然後放鬆雙手，要確定它們都放鬆了。接著是胸部，然後是背部——背部應該挺直卻放鬆。要確定腹部的肌肉放鬆，這一點很重要。

一旦完成了這些練習，應該有三點接觸到蒲團和坐墊，也就是臀部和雙膝。全身從頭到腳放鬆時，只有這三點感受到重量，讓你就像在地板上扎根一樣。身體的其他部位也應該完全放鬆。

在結束這些練習之後，如果還覺得不夠放鬆，就自己再做一遍。從頭開始，一個部位、一個部位地放鬆，一路向下直到腳部。在心裡想像往下一個部位、一個部位地掃遍全身，放鬆每個部位，只要有需要，就一直做，以便放鬆。

清楚覺知自己在打坐

一旦身體放鬆了，就注意到自己的體重往下沉。接著就只是清楚覺知自己坐在那裡，把全副覺知放在坐在那裡的身體上。如果放鬆的話，就已經把自己的覺知集中於坐在那裡的自己。

如果眼睛微微張開時無法放鬆，可以閉上雙眼。如果眼睛睜開，不要注視任何東西，只是微微睜開，向下四十五度角。如果眼睛緊張，頭部也會變得緊張；如果眼睛放鬆，頭部也會放鬆。

如果有妄念或胡思亂想，可以把眼睛微微張開。如果發現自己昏沉，這表示沒有放鬆。如果完全放鬆，而且覺知自己的身體就只是坐在那裡，就不會昏沉。之所以會昏沉是因為沒有適當地使用方法，不是沒有放鬆，就是沒把心放在只管打坐上。可能是已經放棄了方法，或只是坐著卻沒有修行，只是休息。打坐時，這種形式的休息可能導致懶散和懈怠。

如果清楚知道自己放鬆，或提示自己去放鬆，那本身就是方法。這種過程會擴大到能清楚覺知自己只是在那裡打坐。這不只是檢查身體的各個部位，也是透過感知身體在那邊打坐而產生的覺知，這就是「只管打坐」的意思。

——

選自《無法之法》

禪一下

禪是一種精神上的休息，
是一種不可言喻的智慧，
但禪同時也是所有的現象：
它無所不在，處處皆是。

33

CHAPTER

如何不因求好心切而緊張？

放下自以為是的自我

放下成敗得失，然後念念新生，從頭提起。我們在勸勉進入禪修生活的新人時，常常會提醒他們要「大死一番」，便是徹頭徹尾地放下自己的一切心理執著，才好重新開始做為一個盡責任、盡本分的修行人。換言之，若要改頭換面，成為一個獨立自主的智者，必須先要放下自以為是的自我，才能尊重他人，關懷他人。人在世間，只有身分和立場，責任及義務，並沒有特定不變的自我。責任是指著你的身分和立場而言，有許多非做不可的事，否則，便是不負責任。義務則是除了責任之外，仍可依你自己能力所及的範圍內，去做額外的事，以幫助別人。

放鬆身心，提起正念

最近有一對年輕夫婦來探望我，我問候他們的近況時，太太便表示她的先生最近由於修行太猛，導致身體不太舒服。

其實，禪修的基本要求，就是放鬆身心，如因求好心切而造成身心緊張，就容易發生身心的毛病。

不過，若要放鬆身心，必先試著把成敗得失的念頭放下，若有只顧耕耘不問收穫的態度，才能輕輕鬆鬆地練習禪修的方法。

不斷地把注意放在方法上，便是正念相繼，時時不離所用的方法，便是時時不離正念。類似的心理狀況，也可用於日常生活的起居作息，一面保持身心愉快，一面保持身心平衡。

——

選自《禪的世界》

禪一下

「放下它」，並不是從此不再處理，
而是該怎麼處理就怎麼處理，
盡心盡力去做，但內心不憂慮。
憂慮是沒有智慧的人，
懂得放下，才有智慧，才能自在。

34

CHAPTER

打坐是身心擺脫負擔的時刻

當你打坐時，把它想成是無憂無慮的時刻，其他時刻則免不了要考慮到困難和責任。打坐是身心擺脫負擔的時刻，會是一種解脫。打坐時有機會放下其他一切事情。

心要自由自在

要確定你的姿勢正確，然後忘掉身體。如果擔心身體，就不能放鬆。然後告訴你的心要自由自在，告訴自己不要用任何方式來限制你的心、想這想那的。放下，但卻不是以做白日夢的方式。在那一點上，觀察你的心，看它往哪裡去，但不要跟著去。如果跟著念頭而去，就是讓念頭控制了你。但如果跟著念頭去了，也不要對自己生氣。一旦知道自己跟隨散亂的念頭，這些念頭通常自己就會離去。

無事可做

如果你跟著散亂的念頭而去，就是把自己的覺知限制在那個特定的思緒上。如果不跟隨散亂的念頭，心靈便是自由、開放的。告訴你的心，它要上哪兒就上哪兒，但你不會跟著去。這時你的身體就會放鬆，心就會自由，因為你沒有以任何方式來限制它。這是最享受的時刻；無事可做；身心自在。如果你沒有念頭，那很好，就維持在那種狀態；如果念頭升起，就注意你的呼吸。如果呼吸細長平順，那表示你很舒服，甚至不必繼續注意呼吸。如果你的心清明，就只管打坐。然而，一旦你開始知覺到自己的身體，就要確定自己的姿勢正確。我希望你能做到。不要認為你是因為欠人什麼，而不得不打坐。

——

選自《禪的智慧》

禪一下

打坐時，可以練習身心的鬆弛，
在任何時間，也都可以練習。
能夠把鬆弛的方法，
練習一段時間之後，
在任何時間，都可以將身心放鬆。

35

CHAPTER

如何讓世界變得清淨無憂？

在這個大家都非常忙碌的時代，做為一個修行人是不是也該忙呢？做一個修行佛法的人，也有非常忙的時候，他的感覺是怎麼樣的呢？

忙是佛的生活

二千五百多年前，釋迦牟尼佛住世時，印度的人民都是很悠閒的。可是釋迦牟尼佛跟其他的印度人不大一樣，他的一生，從出生到涅槃為止的八十年間，都是非常地忙碌。年輕的時候，他忙著學習文的、武的、宗教的、哲學的、藝術的……各方面的學問。接著出家以後，很精進地修行了六年苦行，什麼方法都學，然後成佛。成了佛以後，他更忙了。我們從他遺留下來的經藏、律藏裡，可以看到在他的四十多年之間，為了教化眾生，在恆河兩岸東奔西走，關懷人間，指導徒眾，很少有一天是坐著休息的，可見得「忙」就是佛的生活。

「忙」沒關係，不「煩」就好；「忙」不是問題，「煩」就變成了困惱。面對許多的事情，如果你只管處理而不擔心它的利害得失，就不會有困惱了。

內心清淨、環境清淨

我們這個世界的環境是愈來愈麻煩了。呼吸的空氣、所吃的食物、生活的地方，漸漸地愈來愈污染了，好像我們慢慢地就要生活到垃圾堆裡去一樣，因此，有許多人發起環保的運動。可是，在臺灣某地，最近為了環保，結果製造了更多的環境污染，甚至為了爭執保護環境而殺了人！

如果從佛法的立場來講，這都是很愚癡的事。這是向心外征服、要求、期望的結果，那只有增加更多的混亂，而不會使得這個世界真正的得到保護。

佛法主張我們每一個人應從自己的內心清淨做起，減少貪欲、仇恨、愚癡、傲慢、懷疑。這些心理的問題減少了的話，我們的環境自然而然地就會清淨，自然而然地就會衛生，也自然而然地就能得到保護。

選自《禪的世界》

36 CHAPTER 無事是貴人

世間本無事，庸人自擾之。心中有長短、好壞、多寡、善惡之分的是忙人。

他們牽掛太多、計較太多；已經做了的好事記得牢牢的，若是壞事則想盡辦法掩飾辯護，做多做少都要跟別人比較，有成就即得意，不得志則失意。這些人心中有事，叫作有事的人。

有的眾生自怨自艾、自己整自己，明明是火坑，還要往下跳，一邊跳一邊喊救命，還一邊埋怨有火；忙著造業忙著受報，這也是有事的人。

心中無事就天下太平

臨濟禪師說：「無事是貴人。」只要心中無事就天下太平，心中無事就不會有冤家敵人，沒有捨不掉放不下的人，也沒有特別親或特別怨恨的人，所以他不會傷害任何人，反而對任何人都有益處，因此他是貴人。有事的人是窮人，老是不滿足、老是在追求、老是在貪取。而沒有事的人心中經常很滿足、很自在；即使有錢也不會吝嗇驕傲，沒錢也不會自卑喪志，所以氣質高貴。與人相處或獨處時，都不會讓人有是非或讓自己捲進是非的漩渦；他是個貴人，也是個自由的人。

憎愛不關心，長伸兩腳臥

如果經常斤斤計較自己的利害得失而不奉獻自己於他人，即使位高權重財多，也是個賤人。因此《六祖壇經》中說：「憎愛不關心，長伸兩腳臥。」心中沒有瞋恨貪愛，也就是沒有要排斥什麼，沒有要對付什麼，也沒有要追求、爭取什麼，所以可以把兩腳伸得長長地安心睡覺。這是心淨，而不是懶人，他們還是很努力地在接引眾生、教化眾生。

——
選自《聖嚴說禪》

禪一下

放鬆身心，放下心念；
面對錯誤，承認錯誤；
面對困難，接受困難；
放寬心胸，接納他人。

37

CHAPTER

真正的身心自在

如何做到真正的身心自在？有的人在觀念上可以做到自在，一旦面臨到有狀況、有問題的時候，雖然知道觀念和道理，卻沒有辦法自在。我認識一位老先生，他學佛，用佛法寫書、演講，七十多歲時老伴往生了，他告訴我：「我的老伴走了，我不能活了。」我說：「你學了幾十年的佛，這樣是很顛倒的。」他說：「法師，因為你沒有太太，無法體會我的心情啊！」我想請問諸位：假設你的另一半往生了，你會怎麼樣？你如何處理自己？那個時候，人通常都很悲傷，沒有辦法自在，怎麼辦？

變好、變壞都是正常的現象

這時可以運用禪學的方法、禪學的觀念。禪學的觀念是什麼？就是要知道身心是無常的，環境也是無常的，變好、變壞都是正常的現象，我們沒辦法抗拒和逃避這些現象，就應該「面對它、接受它、處理它、放下它」，這四句話是我在演講時經常講的，很有用。遇到狀況，好好面對它，面對、接受了以後還要去處理，處理以後就坦然接受，心裡不再怨天尤人。

有了這樣的觀念之後，是不是種種難受的、不平的心理狀態就都可以平衡？不一定，一定還要再下一點工夫，這就要運用禪學的方法了。

禪學方法就是放鬆身體的神經、放鬆肌肉。現在請大家把兩隻手輕鬆放在膝蓋上，眼睛閉起來，身體輕鬆地靠在椅背上，眼球不要用力。當我們思考的時候，眼球是用力的；做觀察的時候，眼球也是用力的；甚至講話的時候，眼睛也是用力的，一旦眼睛不用力，頭腦就是輕鬆的。眼球不用力就好像快睡著了一樣，頭腦裡什麼牽掛都沒有。

接下來肩膀不要用力、兩隻手不要用力、兩條腿不要用力，只有身體坐在椅子上、背靠在椅子上的感覺，其他的都沒有。還有小腹也要放鬆，不要緊張，通常我們在思考、工作、跟人講話的時候，小腹是緊張的；當小腹放鬆，我們身體的神經、肌肉、關節都會放鬆。然後，請開始體驗自己的呼吸，從鼻孔出和入的感覺。請大家不要控制呼吸的長、短、深、淺，只知道呼吸自然地從鼻孔進和出的感覺。鼻孔的感覺就是在鼻孔部位，不要去想肺部、胸部怎麼樣，也不要去管呼吸吸到哪裡，只要體驗呼吸在鼻孔出和入的感覺。

不跟自己產生衝突

禪學的方法就這麼簡單，從眼睛閉起來、眼球放鬆、肩頭放鬆、小腹放鬆、手放鬆、腳放鬆，專注體驗呼吸，覺得非常舒服。當身體放鬆以後，我們的身、心是調和的，心裡就不會去跟自己產生衝突，身體也不會有太多負擔，進一步體驗到身心和環境是統一的，和宇宙是統一的。禪的最高境界，是體驗到身心、環境、宇宙都不存在，雖然說不存在，其實處處都是存在，感覺到任何地方都是你自己，卻沒有覺得哪個東西是你自己，如果到了這樣的境界，就非常地自由、自在了。

——

選自《我願無窮》

38

CHAPTER

如何不壓抑自己？

人在世上，最不能忍受或最不容易心平氣和的，就是生死大事。

愈壓抑愈煩惱

在這種情況下，有的人會壓抑自己，依舊煩惱、痛苦，如果用禪定的工夫，就不是壓抑而是疏導。所謂疏導，一個是觀念的疏導，告訴自己：事情已經發生，而且不是自己能安排的，所以自責也沒有用；至於如何彌補，以後再說吧！當下心裡不需要太痛苦。

還有一個方法是，注意自己呼吸出入的感

覺、注意自己身體的狀況、痛或不舒服的感覺。這樣心自然而然能安定下來，不會老是聯想到很多痛苦不平衡的事。當我們遇到挫折或不容易接受的情況時，可以用這兩個方式來幫助自己。

可以在生活中體驗禪定，進而使生活充滿喜悅，這是非常不容易的事。但是一般人對禪定有所誤解，認為禪定是得神通，能夠很快的成佛、成為一個羅漢、成為一個仙人，或是得解脫，甚至馬上發財。我們所談的健康的禪定不是這些神通，因為我們都是普通人，如果談神通，副作用相當多，負面影響相當大，會變成投機取巧、神經兮兮，和現實生活脫節。現在我們談的是，一個普通的人能夠利用禪定，幫助自己生活過得比較快樂、煩惱少一些。

❁ 心平氣和無衝突

所謂人間淨土，就是人的情緒煩惱少一些，人和人的衝突困擾少一些，或者人和人之間沒有矛盾現象。事實上，人與人之間不可能沒有矛盾，人與自然環境之間也不可能沒有矛盾，就連自己的身體，我們也沒有辦法掌控它，使它不產生矛盾。

如果能夠禪定，自然而然能心平氣和，不會和別人發生衝突，就算別人挑釁也衝突不起來，這樣人間淨土就會出現。所以，對很多人來說，經過禪定的境界，人生不一定就會加分；但是經由定，使得他不加也不減，呈現一種很平和的狀態。

——

選自《不一樣的佛法應用》

39

CHAPTER

如何享受禪悅？

運用修行的方法，讓我們的心從散亂變成集中，更接近統一心的狀態。透過這些練習，我們就不會那麼情緒化，也不會那麼容易被情感所左右，而更能掌控自己的心。在任何情況下，對於周遭發生的事情總是清清楚楚；也能夠告訴自己，苦難並不像表面那個樣子。這不就是禪悅嗎？

練習著放鬆自己

雖然要完全放鬆也許不可能，但是偶爾應該能夠稍微放鬆一下。有沒有人還沒體驗到放鬆的感覺？如果你知道如何放鬆，就可以從緊張的狀態進入身心安適的狀態。這不就是禪悅嗎？打坐時，當然可以練習放鬆；但是沒有打坐時，我們也可以在日常的活動中，練習著放鬆自己。事實上，隨時隨地都可以試著放鬆。

享受禪悅

把心放鬆的意思，就是讓心停止工作；放鬆身體，就是不要過度用力，需要多少力就用多少力，身體才不會緊張。如果我們在任何情況下都能放鬆身心，那就是禪悅。因此我才會告訴你們，隨時隨地都可以享受禪悅。

法喜與禪悅這兩個名詞是相輔相成，互有關連的。千萬不要忘記了：法喜與禪悅。

選自《心在哪裡？》

40
CHAPTER

如何才能自由自在？

所謂「自在」，就是無拘無束，不受任何阻礙；自由自在是人人夢寐以求的事，可是，真要享有自在還真不是一件容易的事。

心得自在，就是真自在

三十多年前，我在山中修行。那時候我跟一位老法師說：「我現在被關起來，一點也不自在。」

老法師回我一封信說：「誰得自在了？」他說，他也是不自在的。他的意思是說，無論如何，我們的身體畢竟很小，生存的環境也非常有限，要從我們身體得自在已經不容易，要在環境裡得自在，那就更不容易，但是他也回了我一句話：「心得自在，就是真自在。」

當時，我見到老法師給我的這一句勉勵後，突然覺得我在山裡的關房無限廣大，而我自己是世界上最幸運、最有福報的人；因為我有「自己能處理自己」的自由，我能把自己關起來，這就是很難得的自在。想把自己關起來就能關起來，這也是我的自在。還有，我在山裡能夠不受世間許多麻煩事的干擾，因為我不看報紙、不聽收音機，世間的很多事都跟我沒關係；因為對世間的事不知道，所以我覺得自己從世間得到自在。

因此我又寫一封信給老法師，說我很自在，把這些想法和感受都報告老法師。

老法師就寫信罵我：「你這種自在，等於是說，把自己的耳朵塞起來，不聽外面的聲音，就以為外面沒有聲音，這不是自在。真正的自在是受人家吵，被人家鬧，而自己心中不受影響，這才是真自在。」

事實上，老法師講的話，佛經裡面處處都這麼說，只是我沒有注意到。因此我學會了在任何情況下都自由自在，那才是真正的工夫、真正的享受。

來去自由

曾經有一位禪師說過：「生死自主，來去自由。」這聽起來非常誘人——生死可以自主，而來去可以自在、自由。但是許多人誤解了這句話的意思，所謂生死自主並不是說，有人要殺你的時候，你可以不被殺，遇到災難的時候，你可以避免一切危險。而是說，你很清楚你是怎麼死的，死的時候一點也沒有怨恨、恐懼，清清楚楚、明明白白地曉得時候到了，知道我在這個社會上應該死了，所以死得非常自在，這才是自主，並不是說能夠避免所有一切困難。

——

選自《福慧自在》

禪一下

什麼是禪的生活呢？
我說只要時時處處放鬆身心，
超越自我，就能解脫自在。

附　錄　法鼓山禪修資訊

法鼓山禪修中心簡介：

禪修中心為法鼓山推廣漢傳禪法的主要單位，宗旨在於推廣禪法，以達到淨化人心、淨化社會的目的，將各類禪修課程推廣至海內外各地。除將禪修活動系統化、層次化，並研發各式適合現代人的禪修課程，讓更多人藉由禪修，來達到放鬆身心、提昇人品的目的。

除定期舉辦精進禪修活動，包括初階、中階，及話頭、默照等禪修，開辦禪修指引課程、初級禪訓密集課程、推廣立姿與坐姿動禪、「Fun 鬆一日禪」等，並培養動禪講師等，期能擴大與社會大眾分享禪悅法喜。

想要開始學習禪修者，可以先參加法鼓山各地分院與精舍所舉辦的「禪修指引」或「初級禪訓班」，然後再參加為期一天、兩天或三天的「禪一」、「禪二」、「禪三」活動。如果希望能穩定長期學習禪法，可以參加「禪坐共修」。在具有禪修基礎後，再進階參加為期七天的禪七活動。

如果想要了解更多的法鼓山禪修訊息，可以電話詢問法鼓山禪修中心，或上網查詢，網頁提供完整的最新禪修活動。初學禪修者可挑選離家近的法鼓山分院或精舍，就近參加禪修課程。

禪修中心推廣部門 —— 傳燈院

地　址：112004 臺北市北投區公館路 186 號
電　話：（02）2893-9966 轉 6316
（請於週一至週五上午九點至下午五點三十分來電）
官　網：https://www.ddm.org.tw/default-chan
臉　書：https://www.facebook.com/DDMCHAN/
IG：https://www.instagram.com/ddmchan/
LINE@：http://line.naver.jp/ti/p/djB3dfrhZj

禪修 FOLLOW ME 1

放鬆禪——上班族40則放鬆指引

Chan for Relaxation:
40 relaxation techniques for office workers

著者	聖嚴法師
選編	法鼓文化編輯部
出版	法鼓文化
總監	釋果賢
總編輯	陳重光
編輯	張晴
美術設計	化外設計
封面繪圖	江長芳
內頁美編	小工
地址	臺北市北投區公館路186號5樓
電話	(02)2893-4646
傳真	(02)2896-0731
網址	http://www.ddc.com.tw
E-mail	market@ddc.com.tw
讀者服務專線	(02)2896-1600
初版一刷	2013年1月
初版十三刷	2024年4月
建議售價	新臺幣150元
郵撥帳號	50013371
戶名	財團法人法鼓山文教基金會一法鼓文化
北美經銷處	紐約東初禪寺 Chan Meditation Center (New York, USA) Tel: (718)592-6593 E-mail: chancenter@gmail.com

法鼓文化

國家圖書館出版品預行編目資料

放鬆禪：上班族40則放鬆指引 / 聖嚴法師著；
法鼓文化編輯部選編. -- 初版. -- 臺北市：
法鼓文化, 2013. 01
面； 公分
ISBN 978-957-598-605-6（平裝）

1.佛教修持 2.生活指導

225.87　　101023503